Rudolf Steiner

Wahrspruchworte

Steiner, Rudolf: Wahrspruchworte
Hamburg, SEVERUS Verlag 2014

ISBN: 978-3-95801-023-9
Druck: SEVERUS Verlag, Hamburg, 2014
Nachdruck der Originalausgabe von 1925

Der SEVERUS Verlag ist ein Imprint der Diplomica Verlag GmbH.

Bibliografische Information der Deutschen Nationalbibliothek:
Die Deutsche Nationalbibliothek verzeichnet diese Publikation in der Deutschen Nationalbibliografie; detaillierte bibliografische Daten sind im Internet über http://dnb.d-nb.de abrufbar.

Wahrspruchworte

von

Rudolf Steiner

SEVERUS

Vorwort

Rudolf Steiner hat nur bei ganz besonderen Anlässen gedichtet. Die Forderungen der Menschheit an ihn und sein Wille ihr zu dienen, haben ihm nicht Zeit dazu gelassen. Das Wenige, was wir von ihm besitzen, zeigt uns, wie er auch auf diesem Gebiete Grosses geleistet hätte, wenn er sich ihm hätte widmen dürfen. Zukunfttragendes freilich, deshalb wenig Verstandenes. Ein seltsamer Umstand wird uns dies begreiflich erscheinen lassen. Wo gäbe es heute einen Dichter, dem in einem Band lyrischer Gedichte nicht ein einziges Mal das Wörtlein *Ich* entschlüpfte? Diese staunenswerte Tatsache lag vor mir, als ich die Sammlung beendet hatte. Ich fügte ihr dann noch ein Gedicht hinzu, das er mir zu einer Jahreswende geschenkt hatte. Es soll diesem Bändchen als Auftakt dienen.

Es spricht das aus, was *ihm* das *Ich* gewesen ist: Die Zusammenfassung des Weltalls, sein Urgrund und auch sein letztes Ziel als Durchchristung, wie es ja schon geistgemäss und schicksalwaltend ausgesprochen ist durch die Laute selbst, die die Initialen sind des Gottessohnes:

I Ch . Jesus Christus.

Den Namen seines Gottes hat Rudolf Steiner nie unnütz geführt. Sein eigenes menschliches Ich war ihm nur Werkzeug. Es war ihm deshalb ganz natürlich, sich nicht innerhalb der Grenzen des persönlichen Ich zu bewegen. Er hat von sich selbst nur gesprochen, wenn zwingende Gründe dafür vorlagen.

„Die Welt im Ich erbauen,
Das Ich in Welten schauen ....“

das war ihm Lebensinhalt und Seelenatem und das ist, was als Leitgedanke dieses Büchlein durchzieht, in dem ausser in diesem einen Fall kein Mal das Wort Ich vorkommt, in dem aber die Steine zusammengetragen sind, die es aufbauen.

Er schenkte einige Gedichte der Eurhythmie, unserer jungen Bewegungskunst. Es lag ihm daran, an einigen Beispielen zu zeigen, wie die Dichtung eingehen muss auf die Zusammenhänge einer geistigen Welt, die ihre Offenbarung im Menschen ebenso hat wie im Kosmos, — und wie Form und Inhalt sich streng decken müssen, entsprechend den Analogien, die gewisse Aeusserungen des Menschen mit kosmischen Verhältnissen haben. Eine Kunst, die sich von diesen Zusammenhängen abschnürt, muss absterben. Sie wird leben, wenn sie das Wesenhafte sucht, das unserer Welt und den mit ihr verbundenen anderen Welten zu Grunde liegt.

So gab er uns die eurhythmische Kunst, die von einer ganz menschlichen Seite her dasjenige fördert, was man braucht, um den Zusammenhang des Menschen mit der geistigen Welt zu finden. Und um die Lernenden ganz konkret einzuführen in den Geist des Sich-eins-fühlens mit dem Universum, schuf er diese Gedichte, in denen er versuchte dasjenige festzuhalten in wirklichem inneren Ergreifen, was kosmisch ausgeführt worden ist, indem unser Sonnensystem geschaffen worden ist.

Diese Gedichte sind: „Zwölf Stimmungen“ und „Planetentanz“.

In ihrem strenggliedrigen Aufbau folgen die „Zwölf Stimmungen“ genau demjenigen, was inhaltlich darin gegeben ist, „ein Bewegt-Ruhiges, — die Zwölfheit, die im Universum als der Tierkreis gegeben ist, – die Siebenheit, die im Universum als Planetenfolge vorhanden ist.“ Wir haben zwölf Strophen zu je sieben Zeilen, ein genaues Abbild des im Universum Vorhandenen. Dies ist gleichsam das äussere Gerippe; es ist aber in allen Einzelheiten festgehalten dasjenige, was sich da offenbaren will, was ausgeflossen ist in die Bewegung unseres Sonnensystems. Es ist festgehalten im Auf- und Abstieg der einzelnen Strophe, im Auf- und Abstieg der ganzen Dichtung; in der allgemeinen Stimmung der Strophe, die dem betreffenden Himmelskörper entspricht, hervorgerufen durch die Art und Weise, wie die Worte in der betreffenden Strophe gerade liegen, — aber auch in dem Hineinspielen einer jeden einzelnen Zeile, die dem Wandelplaneten entspricht. So dass man fühlen kann: hier fährt die energische Bewegung des *Mars* hinein, hier die majestätische des *Jupiter*, dort haben wir das gereift Abflutende des *Saturn*, endlich das gefestigt Rückstrahlende des *Mondes*, das in der ersten *Sonnenzeile* unmittelbare Erstrahlung ist, um dann überzugehen in das sanft-Erwarmende der *Venus* und in das webend-Wirkende des *Merkur*. Und dieses siebenfache innere Seelenerfühlen, von der Sonne herab durch Venus, Merkur, Mars, Jupiter, Saturn bis zum Monde wird hineingewoben in den Stimmungsgehalt der Strophe des betreffenden Tierkreiszeichens, durch das die Sonne durchgeht. Es ist wirklich das Eins-sein mit den Gesetzen des Universums, das Gegenteil der subjektiven Willkür.

Etwas ähnliches haben wir in dem Aufbau des „Planetentanz". Es wird versucht in wiederum zwölf Strophen einen andern Weltenzusammenhang zu geben. Wir haben hier die Sonne, die Planeten und den Mond. In den vierzeiligen Strophen ist die erste Zeile immer das Sonnenhafte, die letzte das Mondenhafte. In vier Teilen von je drei Strophen steigt die Kurve des kosmischen Geschehens aufwärts zu ihrem Zenith, um dann wiederum abzufluten. Damit in Einklang ist das Tun und Sein der Menschenseele, die in den Zusammenhängen der geistigen Welt steht. Ruf, Sehnsucht, Erfüllung in viermaliger Wiederkehr. Die Form ist herausgeholt aus dem Geheimnis des Universums.

So lehrte uns Rudolf Steiner im Kosmos fühlen und lehrte uns eingehen auf die gesetzmässigen Zusammenhänge einer geistigen Welt, die sich durch den Menschen offenbaren will. Er sagte zu den Eurhythmie-Ausübenden: „Das was Sie da sich abspielen sehen, gibt einem die Möglichkeit, eine Beweglichkeit und in Bewegung befindliche Begriffe sich zu verschaffen von dem, was man so nennen kann: Das Wort wallt durch die Welt und die Weltenbildung hält das Wort fest."

Das lehrte uns Rudolf Steiner und gab uns damit die Erkenntnis dessen, was Dichtung in Wahrheit ist.

Für die Eurhythmie schuf er noch: Weltenseelengeister, Ecce Homo, Frühling, Herbst. Ueberall erleben wir das Hineingestelltsein des Menschen in die geistigen Zusammenhänge, erleben in den Lautverbindungen, ihrem Erglitzern, Erstrahlen und Ineinanderspielen die schöpferischen Kräfte des Kosmos selbst. Den inneren Rhythmus der Laute, der in der Dichtung der Zukunft einst die Stelle des Reimes einnehmen wird, hat Rudolf Steiner gelöst, die Lautgestaltung als hohes Kunstprinzip unsern Seelen erschlossen, das Gesetz der Bewegung in den Lautelementen, das sie der Sphäre des rein Musikalischen oder Bildhaft-Plastischen entreisst und dadurch der Sprache trotz ihrer Arbeit mit allen andern Kunstelementen doch ihr eigenes umfassendes, selbständiges Reich erschliesst, hat er uns aus den Reichen der Geistesdynamik heruntergeholt. Versuchen wir auf uns das wirken zu lassen, was einem Gedicht wie „Weltenseelengeister" lautlich zu Grunde liegt: das dreifache i der ersten Zeile, das sich in deren Ausklang zum a öffnet, die Wiederholung des a in der zweiten Zeile, und in der dritten seine Aufhellung im ausklingenden e, das wieder durch ein dreifaches i eingeleitet wird, — um in der zweiten Strophe in der Endassonanz wiederholt zu werden und dann einem dreimalig assonierenden i zu weichen, das in den zwei letzten Zeilen der dritten Strophe über das e zum a zurückkehrt. Nur derjenige, der künstlerisch lautgestaltend zu sprechen vermag, wird ermessen, welche Schönheit und welche Kräfte der Bewegung und der waltenden Offenbarung in dieser Behandlung des a, e und i liegen, in diesem aus drei kurzen Dreizeilern bestehenden Gedicht, dem das amphibrachische Versmass die zielsichere Kraft und den hebenden Schwung verleiht. Wahrlich, verdichteter Geist.

Als ein Beispiel dieses so tief lebendig künstlerischen Vermögens, geistiges Wirken und Weben durch die Lautverbindung für uns wesenhaft zu machen, habe ich dieser Sammlung auch einige lyrische Stellen aus den Mysterienspielen zugefügt.

Aber erst in der Wiedergabe durch das im freien Atem gestaltete künstlerische Wort kann man voll empfinden, welch klingende Gefühlslösung, welch schwingendes Licht und welche Bewusstseinsplastik in dieser Sprache liegt.

Die Mehrzahl der in dieser Sammlung enthaltenen Gedichte entstanden bei Jahresfesten oder sind die spruchartige Zusammenfassung eines in der Oeffentlichkeit gehaltenen Vortrags.

Unendlich viel hat Rudolf Steiner dafür getan, dass in der Menschheit wach würde das Verständnis für das Hineingestelltsein der Feste in das kosmische Geschehen. Eine Fülle tiefgründiger, lichtdurchstrahlter Zusammenhänge goss er aus über das Weihnachtsfest. Und so sind denn eine Anzahl der schönsten Sprüche, die wir von ihm haben, Weihnachtssprüche. Es gehört zu den Wendepunkten, zu den Merksteinen meines Lebens die Stunde, da er mir zu Weihnachten seinen ersten gedichteten Wahrspruch gab: „Die Sonne schaue zur mitternächtigen Stunde ..." und ich die Kraft finden musste, diese Fülle des Erlebens, diese Wucht des wie in Quadern gemeisselten Wortes in den tönenden Laut zu formen. — Ein Wendepunkt nach innen. Denn aussen hatte ja das Leben seinen ruhig oder bewegt fortschreitenden Gang im Dienst der Geisteswissenschaft genommen. Bevor dies geschehen war, hatte er einst als Einleitung zu den Vorträgen über das „Christentum als mystische Tatsache" so über die orphischen Mysterien gesprochen: so anklingend — weckend, dass die Schatten sich lösten und Lichtspuren wurden. Jetzt geschah es wieder in diesen wie in Granit gehauenen Worten, die zur Pyramide wurden, in deren dunkle Tiefen durch das nach oben gewendete Auge Osiris' Glanz und Isis' Schimmer fiel. — Lag nicht wie Hammerschlag in diesen Worten der klopfende Puls, die wogende Bildekraft des kosmischen Meeres? Werden und Vergehen, der Tod durch den Stoff, das Lebenswort? Es sprachen aus diesen Weltenworten Typhon und Osiris und der zum Leben erwachte Horus, — es regte sich Isis-Sophia, — es antworteten Ahriman und Christus. — Das materielle Weltenall konnte sich in Geist verwandeln vor dem Seelenblick, der Mensch das überirdische Christuswesen wieder wahrnehmen.

Dass wir mit vollem Bewusstsein wieder aufnehmen, was in den alten Mysterien instinktiv erklungen ist, das war die Arbeit Rudolf Steiners an uns.

Jedes Jahr von neuem Weihnachten, das Fest vom Jahresende anzuschauen als eine Aufforderung, in das hineinzublicken, was die Menschheit zu ihrer Entwickelung braucht, das lehrte uns Rudolf Steiner, das ist in jenen anderen Weihnachtssprüchen enthalten, die ich aus meinen Gedenkheften habe abschreiben können, die nicht für die Oeffentlichkeit gedacht waren, und die ich glücklich bin ihr vermitteln zu können. Sie bilden eine Brücke zum geistigen Erleben für den, der sie auf sich wirken lassen will. Ihren Ausklang haben sie gefunden in den wunderbar durchsichtigen geistig-episch dahingleitenden Rhythmen, die Rudolf Steiner zu Weihnachten 1923 einer tausendköpfigen Zuhörerschaft gab: „In der Zeiten Wende trat das Geisteslicht in den irdischen Weltenstrom . . .“ Es war sein letzter Weihnachtswahrspruch. Sein Wunsch für uns ist: „Dass gut werde, was wir aus Herzen gründen, was wir aus Häuptern führen wollen . . .“

Wenn ich mich entschlossen habe, den zur menschlichen Verstandeskraft klar sprechenden Wahrsprüchen auch solche hinzuzufügen, die vielleicht nicht gleich begriffen werden können, so ist es, weil ich der Ueberzeugung bin, dass unsere Zeit die Kräfte braucht, die auf dem Wege der imaginativen Vorstellung sie vielleicht zunächst erreichen können. Was als Keimkraft in der konzentrierten Bildhaftigkeit eines solchen Wahrspruches liegt, kann den Zusammenklang von menschlichem Tun und Sein mit dem Tun und Sein der Welt wirklich erfühlen lassen. Dies ist aber, was unsere Zeit so dringend braucht, um die in ihr wühlenden Niedergangs-Kräfte zu überwinden, und diesem Ziele diente das Leben, Wirken und Sterben Rudolf Steiners.

Marie Steiner.

Dornach, den 5. Dezember 1925.

Die Welt im Ich erbauen,
Das Ich in Welten schauen
Ist Seelenatem.

Erleben des All
In Selbsterfühlung
Ist Weisheitpuls.

Und Wege des Geistes
Im eignen Ziel beschreiten
Ist Wahrheitsprache.

Und Seelenatem dringe
In Weisheitpuls, erlösend
Aus Menschengründen
Die Wahrheitsprache
In Lebensjahresrhythmen.

PLANETENTANZ.

Es leuchtet die Sonne —
Was traget ihr Strahlen
Zu Blüten und Steinen
So machtvoll daher?

Es webet die Seele —
Was hebet das Leben
Aus Glauben zum Schauen
So sehnend hinauf?

O suche, du Seele,
In Steinen den Strahl,
In Blüten das Licht —
Du findest dich selbst.

Es blauet der Himmel —
Was sendet die Tiefe
Aus Fernen zur Erde
Geheimnisvoll her?

Es wirket der Geist —
Was schaffet der Starke
Aus wollendem Sein
Zur scheinenden Kraft?

So lenke, o Geist,
Zur Ferne den Blick,
Zur Tiefe dich selbst —
Du findest die Welt.

Es funkeln die Sterne —
Was breitet das Glänzen
Aus Weiten zur Mitte
Enthüllend daher?

Es fraget der Mensch —
Was rätselt im Innern
Aus bänglichem Streben
Zum Wissen sich hin?

So lenke, du Mensch,
Zur Weite dich selbst,
Zur Mitte das Sein —
Du findest den Geist.

Es waltet die Nacht —
Was dämpfet die Wesen
In endlosem Raum
Zu lastendem Nichts?

Es weset das All —
Was waltet, sich hüllend
Im Dunkel der Gründe,
Verborgen atmend?

Es ahnet des Geistes
Erbrennendes Dursten
In Welten die Wesen,
In Wesen die Welten.

ZWÖLF STIMMUNGEN.

Erstehe, o Lichtesschein,
Erfasse das Werdewesen,
Ergreife das Kräfteweben,
Erstrahle dich Sein-erweckend.
Am Widerstand gewinne,
Im Zeitenstrom zerrinne.
O Lichtesschein, verbleibe!

(Widder.)

Erhelle dich, Wesensglanz,
Erfühle die Werdekraft,
Verwebe den Lebensfaden
In wesendes Weltensein,
In sinniges Offenbaren,
In leuchtendes Seins-Gewahren.
O Wesensglanz, erscheine!

(Stier.)

Erschliesse dich, Sonnesein,
Bewege den Ruhetrieb,
Umschliesse die Strebelust
Zu mächtigem Lebewalten,
Zu seligem Weltbegreifen,
Zu fruchtendem Werdereifen.
O Sonnesein, verharre!

(Zwillinge.)

Du ruhender Leuchteglanz,
Erzeuge Lebenswärme,
Erwärme Seenleben
Zu kräftigem sich Bewähren,
Zu geistigem sich Durchdringen,
In ruhigem Lichterbringen.
Du Leuchteglanz, erstarke!

(Krebs.)

Durchströme mit Sinngewalt
Gewordenes Weltensein,
Erfühlende Wesenschaft
Zu wollendem Seinentschluss.
In strömendem Lebensschein,
In waltender Werdepein,
Mit Sinngewalt erstehe!

(Löwe.)

Die Welten erschaue, Seele!
Die Seele ergreife Welten,
Der Geist erfasse Wesen,
Aus Lebensgewalten wirke,
Im Willenserleben baue,
Dem Weltenerblüh'n vertraue.
O Seele, erkenne die Wesen!

(Jungfrau.)

Die Welten erhalten Welten,
In Wesen erlebt sich Wesen,
Im Sein umschliesst sich Sein.
Und Wesen erwirket Wesen
Zu werdendem Tatergiessen,
Im ruhenden Weltgeniessen.
O Welten, traget Welten!

(Wage.)

Das Sein es verzehrt das Wesen,
Im Wesen doch hält sich Sein.
Im Wirken entschwindet Werden,
Im Werden verharret Wirken.
In strafendem Weltenwalten,
In ahndendem Sich-Gestalten.
Das Wesen erhält die Wesen.

(Skorpion.)

Das Werden erreicht die Seinsgewalt,
Im Seienden erstirbt die Werdemacht.
Erreichtes beschliesst die Strebelust
In waltender Lebenswillenskraft.
Im Sterben erreift das Weltenwalten,
Gestalten verschwinden in Gestalten.
Das Seiende fühle das Seiende!

(Schütze.)

Das Künftige ruhe auf Vergangenem.
Vergangenes erfühle Künftiges
Zu kräftigem Gegenwartsein.
Im inneren Lebenswiderstand
Erstarke die Weltenwesenwacht,
Erblühe die Lebenswirkensmacht.
Vergangenes ertrage Künftiges!

(Steinbock.)

Begrenztes sich opfere Grenzenlosem.
Was Grenzen vermisst, es gründe
In Tiefen sich selber Grenzen;
Es hebe im Strome sich,
Als Welle verfliessend sich haltend,
Im Werden zum Sein sich gestaltend.
Begrenze dich, o Grenzenloses.

(Wassermann.)

Im Verlorenen finde sich Verlust,
Im Gewinn verliere sich Gewinn,
Im Begriffenen suche sich das Greifen
Und erhalte sich im Erhalten.
Durch Werden zum Sein erhoben,
Durch Sein zu dem Werden verwoben,
Der Verlust sei Gewinn für sich!

(Fische.)

ECCE HOMO.

In dem Herzen webet Fühlen,
In dem Haupte leuchtet Denken,
In den Gliedern kraftet Wollen.

Webendes Leuchten,
Kraftendes Weben,
Leuchtendes Kraften:

Das ist der Mensch.

FINSTERNIS, LICHT, LIEBE.

Dem Stoff sich verschreiben
Heisst Seelen zerreiben.

Im Geiste sich finden
Heisst Menschen verbinden.

Im Menschen sich schauen
Heisst Welten erbauen.

Im Herzen
Lebt ein Menschenglied,
Das von allen
Stoff enthält,
Der am meisten geistig ist;
Das von allen
Geistig lebt
In der Art, die am meisten
Stofflich sich offenbart.

Daher ist *Sonne*

Im Menschen-Weltall
Das Herz;
Daher ist im Herzen
Der Mensch
Am meisten
In seines Wesens
Tiefstem Quell.

WELTENSEELENGEISTER.

Im Lichte wir schalten,
Im Schauen wir walten,
Im Sinnen wir weben, —

Aus Herzen wir heben
Das Geistesringen
Durch Seelenschwingen;

Dem Menschen wir singen
Das Göttererleben
Im Weltengestalten.

Der Sonne Licht
Es hellt den Tag
Nach finst'rer Nacht;
Der Seele Kraft
Sie ist erwacht,
Aus Schlafes Ruh:
Du meine Seele
Sei dankbar dem Licht,
Es leuchtet in ihm
Des Gottes Macht,
Du meine Seele
Sei tüchtig zur Tat.

FRÜHLING.

Der Sonnenstrahl,
Der lichterfunkelnde,
Er schwebt heran.

Die Blütenbraut,
Die farberregende,
Sie grüsst ihn froh.

Vertrauensvoll
Der Erdentochter
Erzählt der Strahl,

Wie Sonnenkräfte,
Die geistentsprossenen,
Im Götterheim
Dem Weltentone lauschen;

Die Blütenbraut,
Die farberglitzernde,
Sie höret sinnend
Des Lichtes Feuerton.

In der Lichtesluft des Geisterlandes
Da erblüh'n die Seelenrosen,
Und ihr Rot erstrahlet
In die Erdenschwere;
Es wird im Menschenwesen
Zum Herzgebild verdichtet:
Es strahlet in der Bluteskraft,
Als das Erdenrosenrot,
In die Geistesfelder wieder hin.

Es keimen die Pflanzen in der Erden Nacht,
Es sprossen die Kräuter durch der Luft Gewalt,
Es reifen die Früchte durch der Sonne Macht.

So keimet die Seele in des Herzens Schrein,
So sprosset des Geistes Macht im Licht der Welt,
So reifet des Menschen Kraft in Gottes Schein.

In Urzeit Tagen
Trat zum Geist des Himmels
Der Geist des Erdenseins.
Bittend sprach er:
Ich weiss zu reden
Mit dem Menschengeist;
Doch um jene Sprache auch
Flehe ich,
Durch die zu reden weiss
Das Weltenherz zum Menschenherzen.
Da schenkte der güt'ge Himmelsgeist
Dem bittenden Erdengeist:

Die Kunst.

BEIM LÄUTEN DER GLOCKEN.

Das Schöne bewundern,
Das Wahre behüten,
Das Edle verehren,
Das Gute beschliessen:
Es führet den Menschen
Im Leben zu Zielen,
Im Handeln zum Rechten,
Im Fühlen zum Frieden,
Im Denken zum Lichte,
Und lehrt ihn vertrauen
Auf göttliches Walten
In Allem was ist:
Im Welten-All,
Im Seelengrund.

Es drängt sich in den Menschensinn
Aus Weltentiefen rätselvoll
Des Stoffes reiche Fülle.
Es strömet in der Seele Gründe
Aus Weltenhöhen inhaltvoll
Des Geistes klärend Licht.
Sie finden sich im Menschen-Innern
Zu weisheitvoller Wirklichkeit.

Wenn der Mensch, warm in Liebe,
Sich der Welt als Seele gibt,
Wenn der Mensch, licht im Sinnen,
Von der Welt den Geist erwirbt,
Wird in Geist-erhellter Seele,
Wird in Seele-getragenem Geist,
Der Geistesmensch im Leibesmenschen
Sich wahrhaft offenbaren.

LICHT UND STERN.

Es leuchten gleich Sternen
Am Himmel des ewigen Seins
Die gottgesandten Geister.
Gelingen mög' es allen Menschenseelen
Im Reich des Erdenwesens,
Zu schauen ihrer Flammen Licht.

In den Weiten sollst du lernen,
Wie im Blau der Aetherfernen
Erst das Weltensein entschwindet
Und in dir sich wiederfindet.

In den Tiefen sollst du lösen
Aus dem heisserfiebernden Bösen,
Wie die Wahrheit sich entzündet
Und durch dich im Sein sich ergründet.

OSTERN.

Steh' vor des Menschen Lebenspforte
Schau an ihrer Stirne Weltenworte.

Leb' in des Menschen Seeleninnern:
Fühl' in seinem Kreise Weltbeginnen.

Denk an des Menschen Erdenende:
Find' bei ihm die Geisteswende.

OSTERN.

Weltentsprossenes Wesen, du in Lichtgestalt
Von der Sonne erkraftet in der Mondgewalt,

Dich beschenket des Mars erschaffendes Klingen
Und Merkurs gliedbewegendes Schwingen;

Dich erleuchtet Jupiters erstrahlende Weisheit
Und der Venus liebetragende Schönheit –

Dass Saturn's weltenalte Geist-Innigkeit
Dich dem Raumessein und Zeitenwerden weihe!

Mensch, rede und du
offenbarest durch dich
das Weltenwerden.

PFINGSTEN.

Wo Sinneswissen endet,
Da stehet erst die Pforte,
Die Lebenswirklichkeiten
Dem Seelensein eröffnet;
Den Schlüssel schafft die Seele,
Wenn sie in sich erstarket
Im Kampf, den Weltenmächte
Auf ihrem eignen Grunde
Mit Menschenkräften führen;
Wenn sie durch sich vertreibt
Den Schlaf, der Wissenskräfte
An ihren Sinnesgrenzen
Mit Geistesnacht umhüllet.

JOHANNI.

Schaue unser Weben,
Das leuchtende Erregen,
Das wärmende Leben.

Lebe irdisch Erhaltendes
Und atmend Gestaltetes
Als wesenhaft Waltendes.

Fühle dein Menschengebeine
Mit himmlischem Scheine
Im waltenden Weltenvereine.

Es werden Stoffe verdichtet,
Es werden Fehler gerichtet,
Es werden Herzen gesichtet.

MICHAELI.

Sonnenmächten Entsprossene,
Leuchtende, Welten begnadende
Geistesmächte, zu Michaels Strahlenkleid
Seid ihr vorbestimmt vom Götterdenken.

Er, der Christusbote weist in euch
Menschentragenden, heil'gen Welten-Willen;
Ihr, die hellen Ätherwelten-Wesen
Trägt das Christuswort zum Menschen.

So erscheint der Christuskünder
Den erstarrenden, durstenden Seelen;
Ihnen strahlet euer Leuchte-Wort
In des Geistesmenschen Weltenzeit.

Ihr, der Geist-Erkenntnis Schüler,
Nehmet Michaels weises Winken,
Nehmt des Welten-Willens Liebe-Wort
In der Seelen Höhenziele wirksam auf.

MICHAELS SCHWERT.

O Mensch,
Du bildest es zu deinem Dienste,
Du offenbarst es seinem Stoffe nach
In vielen deiner Werke.
Es wird dir Heil jedoch erst sein,
Wenn dir sich offenbart
Seines Geistes Hochgewalt.

HERBST.

Der Erdenleib,
Der Geistsersehnende,
Er lebt im Welken.

Die Samengeister,
Die Stoff-gedrängten,
Erkraften sich.

Und Wärmefrüchte
Aus Raumesweiten
Durchkraften Erdensein.

Und Erdensinne,
Die Tiefenseher,
Sie schauen Künft'ges
Im Formenschaffen.

Die Raumesgeister,
Die ewig-atmenden,
Sie blicken ruhevoll
Ins Erdenweben.

Schaue die Pflanze,
Sie ist der von Erde
Gefesselte Schmetterling.

Schaue den Schmetterling,
Er ist die vom Kosmos
Befreite Pflanze.

Der Menschenseele Rätsel
Enthüllt dem Geistes-Auge
Den Blick ins Welten-All;
Des Welten-Alls Geheimnisse,
Sie löst der Seelenblick
Ins Menschen-Innre auf.

Der Wolkendurchleuchter:
Er durchleuchte,
Er durchsonne,
Er durchglühe,
Er durchwärme
Auch uns.

Wesen reiht sich an Wesen in Raumesweiten,
Wesen folgt auf Wesen in Zeitenläufen.
Verbleibst du in Raumesweiten, im Zeitenlaufe,
So bist du, o Mensch, im Reiche der Vergänglichkeiten.
Über sie aber erhebt deine Seele sich gewaltiglich,
Wenn sie *ahnend* oder *wissend* schaut das Unvergängliche,
Jenseits der Raumesweiten, jenseits der Zeitenläufe.

Es sprechen zu den Menschensinnen
Die Dinge in den Raumesweiten;
Sie wirken auf die Menschenseele,
Sich wandelnd in dem Zeitenlaufe.
Sich selbst erlebend ergreift die Seele
Von Raumesweiten unbegrenzt,
Vom Zeitenlaufe unbeschränkt,
Des Geistes Wesenreich
In seiner ewigen Eigenart.

Es sprechen zu dem Menschensinn
Die Dinge in den Raumesweiten.
Sie wandeln sich im Zeitenlauf.
Erkennend lebt die Menschenseele
Durch Raumesweiten unbegrenzt
Und unversehrt durch Zeitenlauf.
Sie findet in dem Geistgebiet
Des eignen Wesens tiefsten Grund.

Und der Geist der Schwere
sammelte den Widerspruch
und der ward in des Menschen
Willen — — Widerstand —

Zum Lichte uns zu wenden
In dunkler Zeiten Not,
Zum Geistesmorgenrot
Die Seelenblicke senden:
Menschenwollen sei es hier
Und bleib' es für und für.

Warum strebt des Menschen
Suchende Seele
Nach Erkenntnis
Einer höheren Welt?
Weil jeder seelenentsprossene Blick
In das Sinnensein
Zur sehnsuchtsvollen Frage wird
Nach dem Gottessein.

Das Innere finden wir im Äussern,
Das Äussere finden wir im Innern.

Alles Äussere soll entzünden:
Selbsterkenntnis.
Das Innere soll lehren:
Welterkenntnis.

Rätsel an Rätsel stellt sich im Raum,
Rätsel an Rätsel läuft in der Zeit;
Lösung bringt der Geist nur, der sich ergreift
Jenseits von Raumesgrenzen und jenseits vom
Zeitenlauf.

Sich in der Welt
Schauend ergründen,
Die Welt in sich
Lebendig finden:
Ist Daseins Tragekraft.

Des Geistes Schattenwurf im Raume
ist das Schöne;
der Schatten wird zum Lebewesen
durch des Künstlers Bildegeist.

Aus dem Geiste ist alles Sein entsprungen —,
Im Geiste wurzelt alles Leben —,
Nach dem Geiste zielen alle Wesen.

Lebend offenbart der Geist
Stets nur seine Kraft.
Sterbend aber zeigt der Geist,
Wie er durch allen Tod hindurch
Sich stets zu höherm Leben nur bewahrt.

Der kleinste Erdenmensch,
Ein Sohn der Ewigkeit,
Besiegt in immer neuem Leben
Den alten Tod.

Willst du dich selber erkennen
Blicke in die Welt nach allen Seiten,
Willst du die Welt erkennen
Schaue in alle deine eigenen Tiefen.

O Weltenbilder,
Ihr schwebt heran
Aus Raumesweiten.
Ihr strebt nach mir,
Ihr dringet ein
In meines Hauptes
Denkende Kräfte.

Ihr meines Hauptes
Bildende Seelenkräfte,
Ihr erfüllet mein Eigensein.
Ihr dringet aus meinem Wesen
In die Weltenweiten
Und einigt mich selbst
Mit Weltenschaffensmächten.

WEIHNACHT.

Die Sonne schaue
um mitternächtige Stunde.
Mit Steinen baue
im leblosen Grunde.
So finde im Niedergang
und in des Todes Nacht
der Schöpfung neuen Anfang,
des Morgens junge Kraft.
Die Höhen lass offenbaren
der Götter ewiges Wort;
die Tiefen sollen bewahren
den friedensvollen Hort.
Im Dunkel lebend
erschaffe eine Sonne.
Im Stoffe webend
erkenne Geistes Wonne.

1905

WEIHNACHT.

In des Menschen Seelengründen
Lebt die Geistessonne siegessicher.
Des Gemütes rechte Kräfte,
Sie vermögen sie zu ahnen
In des Innern Winterleben,
Und des Herzens Hoffnungstrieb,
Er erschaut den Sonnen-Geistessieg
In dem Weihnacht-Segenslichte,
Als dem Sinnbild höchsten Lebens
In des Winters tiefer Nacht.

1913

WEIHNACHT.

Im Seelenaug' sich spiegelt
Der Welten Hoffnungslicht,
Dem Geist ergeb'ne Weisheit
Im Menschenherzens spricht:
Des Vaters ewige Liebe
Den Sohn der Erde sendet,
Der gnadenvoll dem Menschenpfade
Die Himmelshelle spendet.

1914

WEIHNACHT.

Die Weltgedanken zu erfassen,
Entreisst dem Leib die Seele
Und löst in ihr den Geist.
Den Seelenwillen am Weltgedanken
Entzünden und in Wollen
Zur Welt zurückzuwenden,
Was sie dem Denken geben mag:
Befreit in Liebesschöpferkraft
Den Menschen durch die Welten,
Die Welten durch den Menschen.

1917

WEIHNACHT.

Im Farbenschein des Äthermeeres
Gebiert des Lichtes webend Wesen
Der Menschenseele Geistgewebe;
Und geistbefruchtet reifend strebt
In Farbendunkels Raumestiefe
Hinaus die Lichtes-durst'ge Seele.
Bedürftig ist Natur des Geistes,
Der aus dem Seelensein ihr kraftet;
Bedürftig auch die Menschenseele
Der Kraft des Lichts im Weltenäther.

1919

WEIHNACHT.

Es schläft der Erde Seele
In Sommers heisser Zeit;
Da strahlet helle
Der Sonne Spiegel
Im äusseren Raum.

Es wacht der Erde Seele
In Winters kalter Zeit;
Da leuchtet geistig
Die wahre Sonne
Im innern Sein.

Sommers-Freude-Tag
Ist Erdenschlaf,
Winter-Weihe-Nacht
Ist Erden-Tag.

1920

WEIHNACHT.

Isis — Sophia
Des Gottes Weisheit
Sie hat Luzifer getötet
Und auf der Weltenkräfte Schwingen
In Raumesweiten fortgetragen.
Christus — Wollen
In Menschen wirkend,
Es wird Luzifer entreissen
Und auf des Geisteswissens Booten
In Menschenseelen auferwecken
Isis — Sophia
Des Gottes Weisheit.

1920

WEIHNACHT.

Des irdischen Menschheitswerdens
Sonnen-Aufgang,
Das ist das Geheimnis
Auf dem Golgatha-Berg;
Im Weihnacht-Licht
Erstrahlet die Morgendämmerung.
In dieser Dämmerung
Mildem Licht
Verehr die Seele
Des eignen Wesens
Geistverwandte
Daseinsmacht und Quelle.

WEIHNACHT.

In der Zeiten Wende
Trat das Welten-Geistes-Licht
In den irdischen Wesensstrom;
Nacht-Dunkel
Hatte ausgewaltet;
Taghelles Licht
Erstrahlte in Menschenseelen;
Licht,
Das erwärmet
Die armen Hirtenherzen;
Licht,
Das erleuchtet
Die weisen Königshäupter.

Göttliches Licht,
Christus-Sonne
Erwärme
Unsere Herzen;
Erleuchte
Unsere Häupter;

Dass gut werde,
Was wir
Aus Herzen gründen,
Was wir
Aus Häuptern führen
Wollen.

1923

Der deutsche Geist hat nicht vollendet,
Was er im Weltenwerden schaffen soll,
Er lebt in Zukunftssorgen hoffnungsvoll,
Er hofft auf Zukunftstaten lebensvoll.
In seines Wesens Tiefen fühlt er mächtig
Verborgnes, das noch reifend wirken muss.
Wie darf in Feindesmacht verständnislos
Der Wunsch nach seinem Ende sich beleben,
Solang das Leben sich ihm offenbart,
Das ihn in Wesenswurzeln schaffend hält!

In deinem Denken leben Weltgedanken,
In deinem Fühlen weben Weltenkräfte,
In deinem Willen wirken Weltenwesen.
Verliere dich in Weltgedanken,
Erlebe dich durch Weltenkräfte,
Erschaffe dich aus Willenswesen
Bei Weltenfernen ende nicht
Durch Denkentraumesspiel — — —;
Beginne in den Geistesweiten,
Und ende in den eignen Seelentiefen: —
Du findest Götterziele
Erkennend dich in dir.

(Aus: „Prüfung der Seele")

Es dürstet die Seele
Zu trinken das Licht
Das Welten entquillt,
Die sorgender Wille
Den Menschen verhüllt.
Begierig zu lauschen
Versuche der Geist
Den Göttergesprächen,
Die gütige Weisheit
Den Herzen verbirgt.
Gefährliches drohet
Gedanken, die forschen
In Seelenbereichen,
Wo ferne den Sinnen
Verborgenes waltet.

(Philia)

Es weiten sich Seelen,
Die folgen dem Licht
Und Welten durchdringen,
Die mutiges Schauen
Den Menschen eröffnet.
Beseligt zu leben,
Erstrebet der Geist
In Götterbereichen,
Die strahlende Weisheit
Den Sehern verkündet.
Verborgenes winket
Dem kühnen Verlangen
Nach Weltengefilden,
Die ferne dem Denken
Geheimnisse bergen.

(Astrid)

Es fruchtet der Seele,
Zu bilden das Schauen,
Das Kräften entsprosset,
Die furchtloser Wille
Im Menschen entzündet.
Aus Urgründen holen
Erlösende Kräfte
Sich Zaubergewalten,
Die Sinnen verborgen
Durch irdische Schranken.
Und Spuren verfolgen
Die suchenden Seelen,
Zu finden die Tore,
Die Götter verschliessen
Dem irrenden Wollen.

(Luna)
(Aus: „Hüter der Schwelle")

Des Lichtes webend Wesen es erstrahlet
Durch Raumesweiten,
Zu füllen die Welt mit Sein.
Der Liebe Segen, er erwarmet
Die Zeitenfolgen,
Zu rufen aller Welten Offenbarung.
Und Geistesboten, sie vermählen
Des Lichtes webend Wesen
Mit Seelenoffenbarung;
Und wenn vermählen kann mit beiden
Der Mensch sein eigen Selbst,
Ist er in Geisteshöhen lebend.

(Aus: „Pforte der Einweihung")

Es findet die Seele,
Die trinket das Licht,
In Weltengefilden
Sich kräftig erwacht.

Es fühlet der Geist,
Der furchtlos sich weiss,
Im Welten-Erleben
Sich kraftvoll erstehen.

Es wolle der Mensch,
Der Höhen erstrebt,
In Gründen des Seins
Sich machtvoll erhalten.

Es strebet der Mensch
Zum Träger des Lichts,
Der Welten erschliesst,
Die fröhliche Sinne
Im Menschen erquicken.

Begeistert Bewundern
Entführet den Geist
In Göttergefilde,
Die leuchtende Schönheit
In Seelen erweckt.
Errungenes tröstet
Gefühle, die wagen,
An Schwellen zu treten,
Die strenge behütet
Vor fürchtenden Seelen.
Und Stärke, sie findet
Das reifende Wollen,
Das furchtlos sich trägt
Zu Schöpfergewalten,
Die Welten erhalten.

(Aus: „Hüter der Schwelle")

Des Lichtes webend Wesen erstrahlet
Von Mensch zu Mensch,
Zu füllen die Welt mit Wahrheit.
Der Liebe Segen, er erwarmet
Die Seele an der Seele,
Zu wirken aller Welten Seligkeit.
Und Geistesboten, sie vermählen
Der Menschen Segenswerke
Mit Weltenzielen,
Und wenn vermählen kann die beiden
Der Mensch, der sich im Menschen findet,
Erstrahlet Geisteslicht durch Seelenwärme.

(Aus: „Pforte der Einweihung")

Der Sonne Licht durchflutet
Des Raumes Weiten
Der Vögel Singen durchhallet
Der Luft Gefilde
Der Pflanzen Segen entkeimet
Dem Erdenwesen
Und Menschenseelen erheben
In Dankgefühlen
Sich zu den Geistern der Welt.

(Aus: „Pforte der Einweihung“)

DEN BERLINER FREUNDEN.

Es sieht der Mensch
Mit dem welterzeugten Auge,
Ihn bindet, was er sieht
An Weltenfreude und an Weltenschmerz.
Es bindet ihn an Alles
Was da wird, aber minder nicht
An Alles, was da stürzt
In Abgrunds finstre Reiche.

Es schaut der Mensch
Mit dem geistverliehenen Auge,
Ihn bindet, was er schaut
An Geisteshoffen und Geisteshaltekraft.
Es bindet ihn an Alles
Was in Ewigkeiten wurzelt

Und in Ewigkeiten Früchte trägt,
Aber schauen kann der Mensch
Nur wenn er das innere Auge
Selber fühlt als Geistesgottesglied
Das auf der Seele Schauplatz
Im Menschen-Leibestempel
Der Götter Taten wirkte.

Es ist die Menschheit im Vergessen
An das Gottes-Sein.
Wir aber wollen es nehmen
In des Bewusstseins helles Licht
Und dann tragen über Schutt und Asche
Der Götter Flamme in Menschen Herzen.

So mögen Blitze unsere Sinnesträume
In Schutt zerschmettern,
Wir errichten Seelenhäuser
Auf der Erkenntnis
Eisenfesten Blitzeswesen;
Und Untergang des Aeusseren
Soll werden Aufgang
Des Seelen Inneren.

Das Leid dringet heran
Aus Stoffeskraft Gewalten,
Die Hoffnung leuchtet
Auch wenn Finsternis uns umwallt,
Und sie wird dereinst
In unsere Erinnerung dringen

Wenn wir nach der Finsternis
Im Lichte wieder leben dürfen.

Wir wollen nicht, dass diese Leuchte
Dereinst in künft'ger Helligkeit uns fehle
Weil wir sie jetzt im Leide
Nicht eingepflanzt in unsere Seelen haben.

1923

Inhaltsverzeichnis

Druckfehler-Berichtigung.

Seite 7 muss es heissen Seelenleben anstatt
Seenleben

„ 31 „ „ „ erharrenden anstatt
erstarrenden

„ 68 „ „ „ Sinneshäuser anstatt
Sinnesträume

„ 68 „ „ „ des Seelen Innersten
anstatt des Seelen
Inneren